CLEA

MATCHA

Die Krone des **Grüntees** in der Küche

Leopold Stocker Verlag

Graz – Stuttgart

Der Matcha-Tee in Japan

Der Matcha-Tee ist DAS Symbol der traditionellen japanischen Kultur. Die Teezeremonie *(cha-no-yu)* in den Teehäusern ist Thema unzähliger schriftlicher Zeugnisse und begeistert jeden Besucher des Landes, der diese kulturelle Eigenart entdeckt. Für die Japaner ist sie ein fester Bestandteil der Vergangenheit und der Gegenwart. Die jungen Leute erlernen die Grundbegriffe in der Schule und für die Erwachsenen ist es eine echte Freude, wenn sie auf Festen oder Reisen an solchen Zeremonien teilnehmen können. Die Perfektion in der Ausführung gilt als eine wahre Kunst.

Darüber hinaus wird Matcha auch häufig als Zutat in süßen japanischen Gerichten verwendet, sowohl in den kleinen gedämpften Kuchenhappen *(mushipan, manjû)* als auch in den bei der Teezeremonie verzehrten Süßigkeiten *(wagashi)* oder in westlichem Blätterteig-Gebäck und Éclairs sowie Windbeuteln. Verwendet wird er auch für die *cha soba*, die Grüntee-Nudeln, und für die verschiedensten regionalen Spezialitäten. Die Japaner schätzen ihn als natürlichen Farbstoff und für sein krautiges, etwas an Meer erinnerndes Aroma, das für das Land der aufgehenden Sonne so typisch ist.

Matcha-Tee wird hauptsächlich in Japan und in China aus diversen Sencha-Qualitäten erzeugt. Deren Anbau verlangt äußerste Sorgfalt: Vor der Ernte werden die Teesträucher abgedeckt, damit die Blätter durch die verminderte Sonneneinstrahlung noch mehr Chlorophyll für die Photosynthese produzieren. Nach der Ernte rollt man die Blätter ein und trocknet sie. Anschließend werden sie wieder ausgerollt und in langsam drehenden Steinmühlen fein gemahlen, langsam deshalb, damit der Tee sich nicht erwärmt.

Matcha kann man nicht selbst herstellen, indem man etwa einfach Blätter von traditionellem Grüntee mahlt (dessen Blätter nicht auseinandergerollt werden). Matcha-Tee entsteht nur durch den oben beschriebenen ganz speziellen Herstellungsprozess.

Traditionelle Zubereitung des Matcha-Tees

Für 6 kleine Schalen Matcha-Tee benötigen Sie etwa 600 ml Wasser und 3 TL Matcha-Pulver.

Das Pulver in eine große Schale geben (am besten aus Bambus). Das Wasser auf 80 °C erhitzen (es darf nicht kochen). Etwas Wasser auf den Tee gießen und mit einem *chasen* (einem kleinen, speziell für diesen Zweck bestimmten Bambusbesen) oder mit einem kleinen Schneebesen aufschlagen. Sobald er schaumig wird, mit dem restlichen Wasser verdünnen.

Auf die 6 Schalen verteilen und sofort genießen.

Ist Matcha gesund?

Alle Grüntees sind für die unglaubliche Vielfalt ihrer positiven Auswirkungen auf die Gesundheit bekannt. Im Gegensatz zum Schwarztee ist Grüntee nicht fermentiert, reich an Antioxidantien und enthält vor allem Epigallocatechingallat bzw. EGCG. Er ist bekannt dafür, dass er die Fettverbrennung im Organismus ankurbelt und auch dazu beiträgt, den Blutzuckergehalt zu regulieren. Da er bei der Bekämpfung von freien Radikalen hilft, ist er auch äußerst gut für die Haut. Allen diesen Inhaltsstoffen und Eigenschaften verdankt der Grüntee eine Top-Platzierung in der Liste der so genannten „Anti-Krebs-Lebensmittel".

Matcha-Tee ist dabei in gewissem Sinne der Rolls-Royce unter den Grüntees. Durch die besonders sorgfältige Herstellung enthält er noch mehr Chlorophyll als die meisten anderen Grüntees und über 60 % EGCG. Noch dazu wird er nicht wie andere Grünteeblätter aufgegossen und die Teeblätter nach der Ziehzeit entfernt, sondern in seiner Gesamtheit vom Körper aufgenommen, so dass wir die ernährungsspezifischen Vorteile bestmöglich ausnutzen. Vor allem das Chlorophyll ist hochaktiv bei der Beseitigung der Toxine aus dem Organismus. Aber Matcha enthält ebenfalls L-Theanin, eine Aminosäure, die für ihre entspannende Wirkung auf den Geist und für das Anheben der Stimmung bekannt ist. Matcha ist belebend und erfrischend und daher trotz seines eher niedrigen Koffeingehalts abends nicht zu empfehlen. Kinder sollten ihn aus diesem Grunde auch nicht trinken (wobei sie jedoch mit Matcha zubereitete Desserts und andere Gerichte durchaus verzehren dürfen).

Am besten kommen das Aroma und die Vorteile des Matcha-Tees zur Geltung, wenn Sie Wasser von guter Qualität benutzen und es nicht bis zum Siedepunkt erhitzen. Besonders empfehlenswert sind die Rezepte, in denen der Matcha gar nicht oder nur ganz leicht erhitzt wird und so all seine ernährungsspezifischen Eigenschaften behält.

Wo kann man Matcha-Tee kaufen?

In vielen Teegeschäften und manchen Bioläden findet sich heute eine Auswahl an unterschiedlichen Qualitäten von Matcha-Tee. Der Tee sollte in luftdichten Döschen (Vakuum) verpackt sein. Nach dem Öffnen gut verschlossen im Kühlschrank lagern.

Man darf sich heute durchaus die Frage nach der Qualität eines so anfälligen, aus Japan stammenden Produkts stellen, da Teile des Landes seit der Explosion des Atomkraftwerks in Fukushima 2011 von erhöhter Radioaktivität betroffen ist. Wissen muss man jedoch auch, dass die Regionen, in denen der Matcha-Tee hergestellt wird, sehr weit von den Risikozonen entfernt sind.

So stammen die von den im Premiumsegment führenden Tee- und Kaffeehäusern nach Europa importierten Grün-Tees (so auch der Matcha-Tee) alle aus der Region rund um Kagoshima auf der südlichsten Insel Japans, Kyushu, die ca. 1.500 km von Fukushima entfernt ist. Die Tees von dort sind von höchster Bio-Qualität, werden ständig geprüft und sind zertifiziert, sodass man sie völlig bedenkenlos genießen kann.

Matcha und Küche

Betrachtet man die Verwendung des Matcha-Tees in der Küche, gibt es verschiedene Herangehensweisen, je nachdem, welche seiner Qualitäten in den Vordergrund gerückt werden soll.

1) Matcha und gesunde Küche

Jetzt, wo wir alle Vorteile des Matcha-Tees kennen, wäre es doch wirklich schade, ihn nicht öfter auf den Tisch zu bringen! Um die gesundheitlichen Vorzüge des Matcha-Tees vollständig zu nützen, ist es ratsam, Zubereitungen zu bevorzugen, in denen der Tee nicht erhitzt wird, wie zum Beispiel in Salatsaucen, Gomasio (Sesamsalz), Tapioka-Pudding usw.

2) Matcha und sein besonderer Geschmack

Durch seinen hohen Gehalt an Aminosäuren hat Matcha einen sehr charakteristischen, etwas bitteren und krautigen Geschmack, der manchmal an Algen, Spinat oder … auch an Bitterschokolade erinnert! Es handelt sich also um einen relativ komplexen Geschmack, den man sehr sorgfältig dosieren und kombinieren sollte. Mandeln, sahnige Milcherzeugnisse, pflanzliche Milchersatzdrinks und weiße Schokolade passen besonders gut zum Matcha-Tee.

3) Matcha und kulinarisches Design

Matcha kann als natürlicher Farbstoff verwendet werden und färbt Gerichte in einem schönen Pastellgrün. Seien Sie aber nicht enttäuscht, wenn Ihr Kuchen eher braun als grün aussieht: das Garen im Backofen bräunt den Tee. Wenn Sie die schöne Farbe erhalten wollen, sollten Sie sich bei Brot und Kleingebäck eher für das Dampfgaren entscheiden. Oder Sie bestäuben den Kuchen beim Herausnehmen aus dem Ofen mit Matcha-Pulver …

Eigenkreationen mit Matcha

Matcha-Tee in Backwaren? Ja! Geben Sie ganz einfach einen kleinen Löffel Pulver in den Kuchen- oder Plätzchenteig, in die Milch für den Pudding oder in die Sauce. Probieren Sie ruhig aus, wie Sie Ihre herkömmlichen Rezepte „vergrünen" können.

Aber Sie können noch weiter gehen und manche Grundrezepte aus diesem Buch miteinander kombinieren: So entstehen Schichtspeisen, Trifles und schöne Desserts. Beispiele: der Biskuit für die Biskuitrollen (S. 16), der Kastenkuchen (S. 26), die Financiers (S. 40), die Creme aus weißer Schokolade und Seidentofu (S. 42), die Mascarpone-Creme (S. 54), der Früchte-Crumble (S. 46), das Knuspermüsli (S. 62), der Matcha-Perlsago (S. 66) usw.

Anmerkung zur schwarzen Sesampaste

In mehreren Rezepten in diesem Buch wird zusätzlich schwarze Sesampaste vorgeschlagen. Hierbei handelt es sich um ein Bio-Erzeugnis, das zu 50 % aus schwarzer Sesampaste und zu 50 % aus weißer Sesampaste (Tahin) besteht. Diese Paste enthält weder Zucker noch Milchprodukte. Man findet sie in Bioläden, kann sie aber auch durch schwarzes Sesammus ersetzen. Schwarzer Sesam und Matcha-Tee passen farblich und geschmacklich wunderbar zusammen. Unbedingt ausprobieren!

Anmerkung zur Verwendung von Kuhmilch

Sie können die Rezepte in diesem Buch auch mit Kuhmilch und Produkten daraus statt mit veganen Drinks zubereiten. Allerdings ist der Geschmack des Matcha-Tees bei der Zubereitung mit veganen Produkten intensiver.

INHALTSVERZEICHNIS

Matcha
auf japanische Art

„Knallbunte" Sushis

Vegetarische Sushis sollen langweilig sein? Nicht, wenn man sie im Frühling zubereitet, wo man so richtig mit den Farben spielen kann. Dann kann man nämlich herrlich frischen Spargel und knackige Erbsen verwenden. Sushis schmecken besser, wenn sie sofort nach der Zubereitung gegessen werden. Sie können aber auch 24 Stunden in einer luftdicht verschlossenen Dose im Kühlschrank aufbewahrt werden.

FÜR 4 PERSONEN

Für 4 Personen • 2 Tassen Sushi-Reis (125 g) • 60 ml Reis-Essig • 1 EL Rohzucker • 1 TL Meersalz • 2 TL Matcha-Tee • 1 EL helle Sesamkörner/-samen • 5 Nori-Blätter

Für die Füllung • Wasabi-Paste • ½ Avocado, in Streifen geschnitten • 1 kleine gekochte Rote Bete, in Streifen geschnitten • 100 g Algen- oder Gelbwurz-/Kurkuma-Tofu, in Streifen geschnitten • 2 EL Soja-Frischkäse zum Streichen • 2 oder 3 gekochte Spargelstangen • 1 kleine Schale gekochte Erbsen

Zum Servieren • Soja-Sauce • Wasabi • eingelegter Ingwer

Den Reis nach den Angaben auf der Packung im Topf oder in einem Reiskocher garen. Währenddessen den Reis-Essig, den Zucker und das Salz in einem Topf erwärmen. Mit dem heißen Reis vermischen. Den Matcha-Tee und die Sesamkörner hinzufügen und ebenfalls vorsichtig vermischen. Etwas abkühlen lassen. Für die Sushis muss der Reis noch warm sein und darf nicht im Kühlschrank gestanden haben.

Eine Unterlage aus Bambus, ein Schneidebrett und ein großes Glas Wasser auf der Arbeitsfläche bereitstellen. Die Zutaten für die Füllung vorbereiten.

Ein Nori-Blatt auf die Unterlage legen. Ein Fünftel des Reises daraufgeben. Die Handfläche mit Wasser aus dem Glas befeuchten, den Reis auf dem Algenblatt glatt verstreichen, ohne ihn flach zu drücken. Den Rand durchgehend freilassen: 2 cm unten, 1 cm rechts und links, 2 cm oben.

Waagerecht eine Linie Wasabi-Paste auf den Reis geben, 4 cm von der Unterkante des Algenblattes entfernt. Die Avocado-, Rote-Bete- und Algentofu-Streifchen darauflegen. Das Algenblatt so weit aufrollen, dass die Füllung fest umschlossen wird, dann mit Hilfe der Bambus-Unterlage das Sushi ganz einrollen. Kurz vor dem Ende den freien Rand des Algenblattes oben leicht anfeuchten und fest andrücken, damit die Rolle geschlossen bleibt. Zur Seite legen. Zwei weitere Rollen ebenso zubereiten. Für die beiden übrigen Rollen den Wasabi, den Frischkäse, den Spargel und die Erbsen verwenden.

Dann eine der fertigen Rollen auf das Schneidebrett legen. Das Messer in das Wasserglas tauchen und die Rolle in 10 Scheiben schneiden. Mit den anderen Rollen ebenso verfahren. Mit je einer Schale Soja-Sauce, Wasabi und eingelegtem Ingwer servieren.

Schwarz-grüner Gomasio

Das „Sesamsalz", Gomasio genannt, nimmt auch Farbe an und imitiert die berühmten japanischen Surikate, jene Streu-Mischungen aus Samen und getrockneten Algen. Da der Matcha-Tee hier nicht mitgekocht wird, bleiben alle seine Eigenschaften erhalten.

FÜR 1 KLEINE SCHALE

• 1 TL Salz • 6 EL schwarzer Sesam • 2 TL Matcha-Tee

Salz und schwarzen Sesam in eine Pfanne geben. Bei mittlerer Hitze einige Minuten rösten und dabei ab und zu umrühren.
Sobald die Sesamkörner anfangen zu duften, ist die Zubereitung fertig. Mit dem Matcha-Tee vermischen und im Mörser zerstoßen. Vollständig abkühlen lassen und in einem kleinen Glastopf aufbewahren.

VERWENDUNGSMÖGLICHKEITEN

Onigiri (Reisbälle) mit schwarzem Sesamgomasio und Matcha-Tee
Zwei Gläser Sushi-Reis kochen. Vorsichtig 2 EL Gomasio unterrühren. Den Reis leicht abkühlen lassen. Beide Hände anfeuchten und eine gute Handvoll Reis in die gewünschte Form bringen (Dreieck, Kugel, …). Mit einem kleinen Rechteck aus Nori-Algen dekorieren. Mit dem restlichen Reis ebenso verfahren. Die angegebene Menge genügt für 6–8 Onigiri.

Soba-Nudeln mit Avocado und Gomasio
Wasser in einem Topf zum Kochen bringen und pro Person 80 g Soba-Nudeln 5 Minuten lang kochen, dabei regelmäßig umrühren. In der Zwischenzeit eine halbe Avocado in Würfel schneiden und mit 1 EL Gomasio und 1 TL Soja-Sauce auf einen Teller geben. Die Soba-Nudeln abgießen und auf den Teller dazugeben. Umrühren und sofort genießen.

Salat mit Japan-Touch
Gemüse Ihrer Wahl (Karotten, Gurke, Weiß- oder Rotkohl, Kopfsalat …) schälen und reiben oder in feine Streifen schneiden. Nach Belieben mit Tofuwürfeln, Avocadostückchen und/oder gekochten Getreideprodukten vermischen. Die Salatsauce (siehe S. 32) darübergießen, mit Gomasio bestreuen und servieren.

Matcha-Biskuitrolle mit Erdbeeren

Eine zartgrüne Biskuitrolle mit schön viel Schlagsahne gefüllt: das typische Dessert in allen Konditoreien in Japan. Oft ist sie mit einer süßen Creme aus Adzuki-Bohnen gefüllt (die man auch durch Kastanienpüree ersetzen kann). Für unsere Frühlingsvariante haben wir eine zarte Erdbeer-Mousse gewählt.

FÜR 6 PERSONEN

Für den Biskuit • 4 Eier • 100 g heller Rohrzucker • 25 g helles, schön geschmeidiges Mandelmus • 100 g Weizenmehl Type 550/W700/T65 • 3 TL Matcha-Tee

Für die Füllung • 500 g Erdbeeren • 1 EL heller Rohrzucker • 1 TL Agar-Agar • 150 g Quark • 2 EL Reis-Sirup (oder Agavendicksaft)

Den Ofen auf 200 °C vorheizen. Eiweiß und Eigelb trennen. Die Eigelbe mit dem Zucker schlagen, bis die Mischung schön schaumig ist. Zuerst das Mandelpüree, dann das gesiebte Mehl mit dem Matcha-Tee hinzugeben.

Die Eiweiße zu Schnee schlagen und vorsichtig unterheben.

Den Teig auf ein mit eingeöltem Backpapier ausgelegtes Backblech gießen. Mit einem Holzlöffel glatt streichen. Den Ofen auf 180 °C herunterschalten und das Blech für 8 Minuten hineinschieben.

In der Zwischenzeit ein sauberes Tuch anfeuchten und ein zweites Backblech zurechtstellen. Sobald der Biskuit gar ist, ihn aus dem Ofen nehmen und das feuchte Tuch darauflegen. Das zweite Blech darüberlegen und das Ganze mit Hilfe von Topflappen umdrehen. Das erste Blech wegnehmen und das Backpapier abziehen. Den Biskuit gemeinsam mit dem Tuch einrollen, ohne zu fest anzudrücken. Abkühlen lassen.

Die Erdbeeren waschen und trockentupfen. Den Stielansatz entfernen und die Früchte in kleine Würfel schneiden. Mit dem Zucker vermischen und einige Minuten durchziehen lassen.

Die Hälfte der Erdbeeren pürieren und mit dem Agar-Agar in einen Topf geben. 30 Sekunden kochen und dann etwas abkühlen lassen.

Den Quark mit dem Reis-Sirup cremig schlagen und mit dem noch warmen Erdbeermus vermischen.

Den Biskuit wieder ausrollen, das Tuch entfernen und die Teigplatte mit der Quarkmischung bestreichen. Mit den restlichen Erdbeerwürfeln belegen und wieder zusammenrollen. Bis zum Verzehr kühl stellen.

VERSION IM VERRINE-GLÄSCHEN

Ihre Biskuitrolle ist missglückt? Umso besser! Schneiden Sie einfach die Biskuitstücke klein, geben Sie die Erdbeer-Mousse hinzu, schon haben Sie ein hübsches Dessert im Gläschen!

Erdbeer-Matcha-Törtchen

Niedlich und lecker, diese Törtchen. Und ein echter Geschmackscocktail. Bereiten Sie sie einige Stunden vor dem Verzehr zu. Sie können sie im Kühlschrank aufbewahren, aber nur ohne Erdbeeren, denen die Kälte nicht guttun würde.

FÜR 12 TÖRTCHEN

Für den Teig • 25 g helle Sesamsamen • 1 EL heller Rohrzucker • 100 g Weizenmehl Type 550/W700/T65 • 60 g helles Mandelmus

Für die Füllung • 150 ml veganer Reis- oder Mandeldrink • 1 g (d. h. etwas weniger als ein halber TL) Agar-Agar-Pulver • 35 g helles Mandelmus • 35 g Reis-Sirup (oder Agavendicksaft) • 100 ml flüssige Mandelsahne • 2 TL Matcha-Tee • 250 g Erdbeeren

Für den Teig die Sesamsamen in einer Pfanne ohne Fett bei milder Hitze leicht anrösten. Mit dem Zucker vermischen. In eine Schüssel geben und mit dem Mehl und einer Prise feinem Salz vermengen. Das Mandelmus dazugeben und die Mischung mit den Fingerspitzen verreiben. Nur so viel Wasser zugeben, dass sich eine Kugel formen lässt. Den Teig in 12 Portionen aufteilen und jede kreisrund ausrollen.

Den Ofen auf 180 °C vorheizen.

Große Muffin-Förmchen mit dem Teig auslegen, dabei muss der Rand schön hoch sein.

Auf jeden Teigboden ein kleines Stück Backpapier legen und mit trockenen Bohnen beschweren. Im Backofen ca. 20 Minuten backen. Auf einem Rost abkühlen lassen.

In einem Topf den Reisdrink mit Agar-Agar vermischen. Zum Kochen bringen und 10 Minuten köcheln lassen.

In einer Schüssel das Mandelmus, den Reis-Sirup, die Sahne und den Tee verrühren. Mit dem noch warmen Reisdrink vermischen. Etwa 10 Minuten abkühlen lassen, dann die Mischung auf die Törtchen verteilen. Abkühlen lassen und bis zum Servieren in den Kühlschrank stellen.

Die Erdbeeren waschen und trockentupfen. Den Stielansatz entfernen und die Früchte längs halbieren. Die Törtchen mit den halben Erdbeeren dekorieren.

DIE TRADITIONELLE VERSION

Ersetzen Sie die Agar-Agar-Creme durch einen klassischen Vanillepudding, den Sie mit Matcha-Tee aromatisiert haben. Benutzen Sie hierfür das Rezept für das Matcha-Tee-Eis (siehe S. 20), jedoch ohne Crème Fraîche.

Matcha-Tee-Eis

Eiscreme ist ein sehr beliebtes Gericht in Japan, wo Desserts zwar selten am Ende einer Mahlzeit serviert werden, wo man aber viele Zwischengerichte zu sich nimmt. Das Matcha-Tee-Eis wird besonders gern im Sommer gegessen, wenn die sehr heiße und sehr feuchte Regenzeit auf ihrem Höhepunkt ist. Die Japaner stellen sehr gern „Parfaits" zusammen: Eisbecher mit einer Paste aus Adzuki-Bohnen und *Mochis*, kleinen Reiskuchen aus Klebreis.

FÜR 4–6 PERSONEN

• 220 ml Mandeldrink oder Kuhmilch • 3 Eigelbe • 120 g heller Rohrzucker • 20 g Matcha-Tee • 150 g Crème fraîche (oder 150 g abgetropfer Seidentofu + 1 EL helles Mandelmus)

Den Mandeldrink erhitzen. In der Zwischenzeit die Eigelbe mit dem Zucker verschlagen, bis die Masse weißlich wird und dreimal so viel Volumen hat.

Unter ständigem Schlagen ¾ des heißen Mandeldrinks bzw. der heißen Milch einrühren und das Ganze wieder in den Topf geben. Bei leichter Hitze kochen, dabei regelmäßig durchrühren, bis die Masse einen Löffelrücken dicklich überzieht.

Den restlichen Mandeldrink nach und nach zum Matcha-Tee geben und zu einer cremigen Paste rühren. Die Puddingcreme abkühlen lassen (hierfür kann man den Topfboden in eine große, mit kaltem Wasser und Eiswürfeln gefüllte Schüssel tauchen).

Die Matcha-Tee-Masse einrühren, dann die Crème fraîche (bzw. die gut verrührte Mischung aus Tofu und Mandelpüree) dazugeben. Vorsichtig aber doch kräftig genug umrühren, damit die Zubereitung eine gleichmäßige Konsistenz bekommt. Mindestens 12 Stunden in den Kühlschrank stellen.

Kurz vor dem Servieren 30 Minuten in die Eismaschine geben.

DIE VEGANE VARIANTE

25 cl Kokossahne, 50 cl Kokosmilch und 4 EL Matcha-Tee mit dem Mixer schlagen. Die Mischung kosten und eventuell etwas Honig oder Reis-Sirup hinzufügen. Noch cremiger wird das Eis, wenn Sie das Fruchtfleisch einer reifen Avocado mitmixen. Mehrere Stunden abkühlen lassen, dann in die Eismaschine geben.

Marmor-Käsekuchen mit Schafquark

Wenn ich „Käsekuchen" sage, denken Sie bestimmt an den Käsekuchen mit einem Boden aus zerbröselten Keksen und einem cremigen, sehr reichhaltigen Belag? Die japanische Version ist eher ein luftiger Quarkkuchen, so leicht wie eine kleine Wolke. Und wenn man außerdem Matcha-Tee in eine Hälfte der Zubereitung gibt, entsteht ein optisch sehr interessanter Marmoreffekt, der diesem ganz simplen Dessert eine besonders raffinierte Note verleiht.

FÜR 6 PERSONEN

- 250 g abgetropfter Schafquark/-topfen
- 50 ml veganer Drink
- 80 g heller Rohrzucker
- 3 Eier
- 30 g Maisstärke
- 1 EL Zitronensaft
- ½ TL Vanillepulver
- 2 TL Matcha-Tee

Den Ofen auf 170 °C vorheizen. Den gut abgetropften Quark mit dem veganen Drink verquirlen. Zucker, Eigelbe, Stärke, Zitronensaft und Vanille dazugeben. Die Eiweiße mit einer Prise Salz auf niedriger Stufe (aber ausreichend lange) zu steifem Schnee schlagen. Vorsichtig unter die Quarkmasse heben. Die Hälfte der Zubereitung in eine andere Schüssel gießen und den Matcha-Tee vorsichtig einrühren.

Eine Backform (20 cm Durchmesser) mit Backpapier auslegen. Die beiden Zubereitungen hineingießen, immer abwechselnd einen Löffel voll von jeder. Die Form vorsichtig in den Backofen stellen und dabei darauf achten, dass sich die verschiedenen Schichten nicht vermischen.

30 Minuten backen, abkühlen lassen und dann erst aus der Form nehmen.

Kühl servieren. Als kleines Extra kann man noch eine Himbeerfruchtsauce dazu reichen.

EINE LECKERE VARIANTE

Auch ein klassischer Käsekuchen (wie der New-York-Cheesecake, mit einem krümeligen Boden und einer Quarkcreme) lässt sich als Matcha-Version zubereiten: Nehmen Sie für den Boden Sesamkekse oder einfache Kekse, denen Sie schwarze oder helle Sesamkörner hinzufügen können. In die Quarkcreme geben Sie 3–4 EL Matcha-Tee, den Sie zuvor mit etwas Milch oder Sahne verrührt haben.

Kokos-Matcha-Mushipan

Mushipan sind kleine dampfgegarte Kuchen. *Mushi* bezeichnet den Dampf und *Pan* ist das japanische Brot, das sehr zart und locker ist. In unserer Version geben wir geriebene Kokosnuss hinzu, die ganz besonders gut zum Matcha-Tee passt. Was dabei herauskommt, sieht ein bisschen wie die „Kokosbälle" in den asiatischen Restaurants aus, vor allem wenn Sie diese süßen Spezialitäten direkt aus dem Bambus-Dampfkorb servieren!

FÜR 6 KLEINE KUCHEN

• 80 g Reismehl • 2 TL Backpulver • 1 Prise Salz • 2 TL Matcha-Tee • 1 Ei • 40 g Vanille-Sojadrink • 50 g Vanille-Sojajoghurt • 1 EL Reis-Sirup (oder Agavendicksaft) • 3 EL geriebene Kokosnuss

In einer Schüssel Mehl, Backpulver, Salz und Matcha-Tee vermischen. In einer Schale das Ei mit dem Sojadrink, dem Joghurt und dem Reis-Sirup cremig schlagen. Die flüssige Mischung in die trockene gießen und so lange rühren, bis ein glatter Teig entsteht. Die geriebene Kokosnuss hinzugeben.

Den Teig in 6 Muffin-Papierförmchen (oder 6 kleine Schälchen) verteilen. 15 Minuten dämpfen, dann noch 5–10 Minuten im ausgeschalteten Dampfgarer stehen lassen. Heiß servieren.

MUFFINS-VARIANTE

Wenn Sie keinen Dampfkorb haben, können Sie die *Mushipan* wie traditionelle Muffins im Backofen backen. Für die trockene Mischung 200 g Mehl nach Wahl, 70 g gemahlene Mandeln, 90 g hellen Rohrzucker, 3 TL Matcha-Tee, 1 TL Backpulver und 1 Prise Salz vermischen. In einer Schale 2 Eier, 100 g Schafs- oder Sojajoghurt und 225 ml veganen Mandeldrink miteinander vermengen. Die flüssige Mischung in die trockene gießen und rasch verrühren. In große Muffin-Förmchen verteilen und 20 Minuten bei 180 °C backen.

Zweifarbiger Kastenkuchen mit schwarzem Sesam

Sie suchen einen Kuchen, der ganz leicht zu backen ist, aber sehr viel hermacht? Hier eine 100 % japanische Variante des super-einfachen Rührkuchens. Und als Bonus können Sie noch zwischen der zweifarbigen Version im Schachbrettmuster, einem Marmoreffekt oder auch … einem einfarbigen 100 %igen Matcha-Effekt wählen.

FÜR 8 PERSONEN

• 3 Eier • 120 g heller Rohrzucker • 50 g Olivenöl • 120 g Vollkorn-Reismehl • 3 TL Backpulver • 70 g schwarze Sesampaste (oder geschmeidiges Sesammus*) • 70 g helles geschmeidiges Mandelmus* • 3 gestrichene TL Matcha-Tee • 150 g Haushalts-/Kochschokolade

Den Ofen auf 180 °C vorheizen. In einer Schüssel die Eier mit dem Zucker schaumig rühren, bis die Mischung das doppelte Volumen hat. Dann Öl, Mehl, Backpulver und 1 Prise Salz hinzufügen. Wenn der Teig schön glatt ist, eine Hälfte in eine zweite Schüssel gießen. In die erste Teighälfte die schwarze Sesampaste geben und gut vermischen. In die zweite das Mandelmus und den Matcha-Tee hineingeben und ebenfalls gut vermischen.

Bei der Verwendung von Sesammus entsteht ein weiß-grüner Kuchen.

Die Teige in zwei gleichgroße, mit Backpapier ausgelegte Kastenformen (zum leichteren Herausnehmen des Kuchens) gießen und die Oberfläche glatt streichen. 25 Minuten backen.

Die Kuchen 5 Minuten abkühlen lassen und dann erst aus der Form nehmen. In der Zwischenzeit die Schokolade über einem Wasserbad schmelzen. Die Kuchen auf ein Schneidebrett legen. Jeden Kuchen der Länge nach halbieren, so dass Sie vier lange Rechtecke erhalten. Ein schwarzes und ein grünes Rechteck nebeneinander auf eine Kuchenplatte legen. Wenn die Oberflächen nicht ganz glatt sind, mit einem Brotmesser begradigen. Mit geschmolzener Schokolade bestreichen. Das zweite schwarze Rechteck auf das untere grüne Rechteck legen und umgekehrt. Die gesamte Oberfläche und die Ränder mit geschmolzener Schokolade bestreichen. An einen kühlen Ort (aber nicht in den Kühlschrank) stellen und vollständig auskühlen lassen.

* Wenn es etwas fest ist, jeweils 15 g weniger nehmen und dafür 1 EL Olivenöl einrühren.

MARMOR-VARIANTE

Wenn Sie nur eine Kastenform haben, machen Sie einfach einen schönen Marmorkuchen: Geben Sie abwechselnd einen Löffel schwarzen und grünen Teig in die Form. Die Backzeit verlängert sich in diesem Fall (40 bis 45 Minuten).

EINFARBIGE VARIANTE

Dieses Rezept eignet sich auch sehr gut für einen 100 %igen Matcha-Kuchen. In diesem Fall nimmt man kein Sesammus, sondern verdoppelt die Menge des hellen Mandelmuses und fügt 1 TL Matcha-Tee hinzu. Die Backzeit ist dann länger (40–45 Minuten). Beim Herausnehmen aus dem Ofen kann man den Kuchen mit Matcha-Tee bestäuben, damit er noch grüner wird.

Matcha-Kuchen aus dem Reiskocher

Genau wie das Dampfgaren bewahrt auch das Garen im Reiskocher sehr gut die grüne Farbe des Matcha-Tees und macht den Kuchen schön locker. Das beste Ergebnis erzielt man mit einem Reiskocher, dessen Deckel luftdicht schließt und der mehrere Garprogramme hat. In Reiskochern, bei denen man den Deckel einfach nur auflegt, gelingen die Kuchen nicht so gut.

FÜR 4 PERSONEN

• 75 g Weizenmehl Type 550/W700/T65 • 4 TL Matcha-Tee • 2 TL Backpulver • 2 gestrichene EL Milchpulver (Kuhmilch oder Sojadrink) • 2 Eier • 50 g heller Rohrzucker • 50 g geschmolzene Butter oder helles Mandelmus

Das Mehl mit dem Matcha-Tee, dem Backpulver, dem Milchpulver und einer Prise Salz vermischen. Die Eier mit dem Zucker aufschlagen, bis die Mischung weiß und schaumig wird. Dann die geschmolzene Butter bzw. das Mandelmus einrühren. Die Masse zu den trockenen Zutaten hinzugeben und zu einem glatten Teig verarbeiten. Den Teig in die Schüssel des Reiskochers gießen. Den Deckel schließen und ein normales Reiskochprogramm starten. Der Kocher wird wahrscheinlich nach etwa 10 Minuten auf „Warmhalten" umschalten, Sie brauchen also nichts weiter zu tun. Der Kuchen ist nach 30 Minuten gar. Zum Überprüfen stechen Sie mit einem spitzen Messer in die Mitte des Kuchens. Bleibt kein Teig mehr am Messer haften, ist er gar.

VARIANTE OHNE REISKOCHER

Sie können diesen Kuchen natürlich auch in einem normalen Backofen backen. Da die Zutaten speziell für die kleinen Schalen des Reiskochers berechnet sind, verdoppeln Sie am besten die Mengen. Die Backzeit beträgt dann etwa 35–40 Minuten bei 180 °C.

Matcha auf westliche Art

Herzhafte und süße Saucen

Etwas Matcha-Pulver in einer herzhaften oder süßen Sauce: das ist eine gute und schnelle Möglichkeit, wenn man jeden Tag Grüntee zu sich nehmen möchte, ohne immer extra daran denken zu müssen! Probieren Sie die eine oder andere Sauce zu Rohkostsalaten, zu Getreide, Obstsalaten und Joghurt- oder Schokoladenkuchen. In einem Glasbehälter im Kühlschrank halten sich die Saucen mehrere Tage.

MATCHA-AVOCADO-SALATSAUCE

• 1 Avocado • 2 TL Matcha-Tee • 1 TL Soja-Sauce • 1 TL Reis-Sirup (oder Agavendicksaft) • 2 EL weißer Balsamico-Essig • 2 EL geröstetes Sesamöl

Alle Zutaten miteinander vermischen. Wenn nötig, etwas Wasser hinzugeben. Diese Sauce passt perfekt zu Rohkost- und Getreidesalaten.

ORANGEN-MATCHA-SALATSAUCE

• 1 TL Matcha-Tee • 1 EL Weizenkeimöl (oder Kürbiskernöl) • 2 TL Reis-Sirup (oder Agavendicksaft) • 1 Orange

Den Matcha-Tee mit dem Öl und dem Reis-Sirup vermischen. Die ausgepresste Orange hinzugeben. Salzen. Diese Sauce schmeckt wunderbar zu ganz fein geschnittener Rohkost (Fenchel, Rot- oder Weißkohl, Möhren).

EXTRA-GRÜNE SALATSAUCE

• 1 TL Matcha-Tee • 1 Zitrone • 1 Bund Koriander (Stängel und Blätter) • 2 Knoblauchzehen • 1 feingehackte Frühlingszwiebel • 1 Stück frisch geschälter, geriebener Ingwer • 2 EL Sesamöl • 1 EL Soja-Sauce • 1 EL flüssiger Honig oder Reis-Sirup

Den Matcha-Tee mit dem Zitronensaft verrühren. Alle Zutaten vermischen und glatt rühren. Diese herrlich duftende Sauce passt gut zu Salaten oder als Dip zu Frühlingsrollen.

HERZHAFTE SOJA-MATCHA-SAUCE

• 1 Sojajoghurt • 1 gestrichener EL helles Mandel- oder Cashewmus • 2 TL Matcha-Tee • 1 TL Soja-Sauce • 1 TL Reis-Sirup (oder Agavendicksaft)

Alle Zutaten mit einer Gabel verrühren. Diese Sauce eignet sich für Salate, warmes Gemüse oder Getreidegerichte.

HERZHAFTE KOKOS-MATCHA-SAUCE

• 1 TL Matcha-Tee • 200 ml Kokosmilch

Den Matcha-Tee mit der Kokosmilch verrühren. Salzen. Diese Sauce schmeckt herrlich zu Getreide (vor allem zu Reis) oder zu grünem Gemüse, wie Kohl oder Brokkoli.

SÜSSE MANDEL-MATCHA-SAUCE

• 1 TL Matcha-Tee • 150 ml flüssige Mandelsahne • 1 EL flüssiger Honig • 60 g Soja-Vanille-Joghurt

Den Matcha-Tee mit der Mandelsahne verrühren. Honig und Joghurt dazugeben. Diese Sauce eignet sich sehr gut für Desserts (Quark, Obstsalat, Kuchen usw.).

Hefebrot mit Oliven und Pinienkernen

Diese Art von Brot gehört zu meinen Lieblingsspeisen. Es sind einfach „Pluspunkte“: Sie sind nicht unbedingt nötig, aber wenn sie auf dem Tisch stehen, wirkt das Essen gleich viel raffinierter. Eine Schale Suppe, ein Brotaufstrich oder ein Salat sehen mit einem solch herzhaften Brot gleich viel einladender aus … In diesem Rezept sorgt der Matcha-Tee noch dazu für eine provençalische Note. Die Kombination mit grünen Oliven sorgt für den Überraschungseffekt: unbedingt ausprobieren!

FÜR 6 PERSONEN ALS BEILAGE

• 125 ml Mandel- oder Sojadrink • 240 g Weizenmehl Type 812 bzw. 550/W700/T80 • 5 g Trockenhefe • 1 TL Meersalz • 3 TL Matcha-Tee • 50 g Olivenöl • 60 g entsteinte grüne Oliven (ohne Steine gewogen) • 2 EL geröstete Pinienkerne • Kräuter der Provence • Fleur de sel

Den veganen Drink erwärmen.

Mehl, Hefe, Salz und Matcha-Tee vermischen. Das Olivenöl und dann den veganen Drink einarbeiten. Mit der Hand oder in der Küchenmaschine 10 Minuten lang kneten, bis eine geschmeidige, gleichmäßige Kugel entsteht.

Mit einem Tuch abdecken und 1 Stunde an einem warmen Ort gehen lassen (z. B. im auf 50 °C vorgeheizten und dann ausgeschalteten Backofen).

Dann den Teig mit dem Teigroller zu einem großen 5 mm dicken Rechteck ausrollen. Auf der unteren Hälfte des Rechtecks die Oliven und Pinienkerne verteilen. Die nicht belegte obere Seite des Rechtecks auf die untere klappen. Dann die rechte und die linke Seite nach innen schlagen, so dass das Brot 4 bzw. 6 Schichten hat. Mit der flachen Hand leicht auf den Teig drücken, um dem Brot die Form eines dicken, 6 cm hohen Blocks zu geben.

Mit Kräutern der Provence und mit Fleur de Sel bestreuen.

30 Minuten gehen lassen. Im auf 180 °C vorgeheizten Backofen 25 Minuten backen.

Das Brot warm oder kalt servieren. Am selben Tag ist es lockerer, aber am nächsten Tag ist es geschmacksintensiver, allerdings auch etwas trockener.

SÜSSE MARMOR-VARIANTE MIT SCHWARZEM SESAM ODER MIT SCHOKOLADE

Einen Brotteig wie oben zubereiten, dabei aber die Zutaten für 500 g Mehl umrechnen. Eine Hälfte abteilen, leicht bemehlen und mit 1 EL schwarzer Sesampaste vermischen. Die zweite Hälfte ebenfalls bemehlen und mit 3 TL Matcha-Tee vermengen. Die beiden Teiglinge mit einem Tuch abdecken und 2 Stunden gehen lassen. Jeden Teigling 5 mm dick zu einem großen Rechteck ausrollen. Das grüne Rechteck auf das schwarze legen und einrollen. In 6 Portionen teilen und diese nebeneinander in eine runde Form (20 cm Ø) setzen. 2 Stunden gehen lassen. Bei 180 °C etwa 1 Stunde im Backofen backen.

Softbrötchen mit Matcha-Tee

Diese Softbrötchen werden mit *tangzhong* zubereitet. Schon wieder eine seltene und teure Zutat, die man nirgendwo findet? Falsch! Es handelt sich ganz einfach um einen Vorteig aus Wasser und Mehl, der für asiatische Brötchen mit super-lockerer Konsistenz unentbehrlich ist. Sie werden über das Ergebnis staunen! Diese kleinen Brötchen sind ideal zu einem Salat oder zum Füllen für Sandwich-Variationen oder für Hamburger.

FÜR 8 SOFTBRÖTCHEN

Für den *tangzhong* • 25 g Weizenmehl Type 550/W700/T65 • 125 ml Wasser

Für die Brötchen • 350 g Weizenmehl Type 550/W700/T65 • 1 EL Rohzucker • 1 TL feines Salz • 2 TL Trockenhefe • 3 TL Matcha-Tee • 2 Eier • 125 ml veganer Drink • 120 g *tangzhong* • 30 g helles Mandel- oder Cashewmus • schwarze oder helle Sesamkörner

Am Vorabend den *tangzhong* vorbereiten. Dafür das Mehl mit dem Wasser in einem kleinen Topf verrühren. Bei geringer Hitze etwas eindicken lassen, dabei ständig rühren. So lange eindicken lassen, bis der Löffel Linien hinterlässt, die einige Sekunden in der Masse sichtbar bleiben. Abkühlen lassen, mit Frischhaltefolie abdecken und in den Kühlschrank stellen.

Am nächsten Tag Mehl, Zucker, Salz, Hefe und Matcha-Tee in eine große Teigschüssel oder in die Schüssel der Küchenmaschine geben. In einer anderen Schüssel 1 Ei mit dem veganen Drink, dem *tangzhong* und dem Nussmus schaumig rühren. Diese Mischung in die Mehlmischung geben und einige Minuten kneten, bis der Teig nicht mehr klebt.

Abdecken und 1 Stunde an einem warmen Ort gehen lassen.

Den Teig in 8 Portionen teilen, zu Kugeln formen und mit genügend Abstand auf ein Backblech legen. Zugedeckt 1 Stunde gehen lassen. Mit dem zweiten, verschlagenen Ei bepinseln und mit Sesamkörnern bestreuen. Den Ofen auf 180 °C vorheizen und 20–25 Minuten backen.

Abgekühlt als Sandwich oder als vegetarische Burger verwenden.

GEFÜLLTE VARIANTE

Vor dem zweiten Gehvorgang können Sie die Brötchen auch füllen: Vermischen Sie gegarte Mangoldblätter mit Ziegenkäse oder mit klein geschnittenen, gegarten Champignons. Wichtig ist, dass die Füllung nicht zu feucht ist, damit der Teig nicht aufgeweicht wird. Süße Variante: lecker mit Kastanienpüree oder Adzukibohnenpaste.

Matcha-Scones

(englische Teebrötchen)

Köstlich, diese einfachen und gleichzeitig raffinierten Scones! Sie werden warm serviert, mit schwarzer Sesampaste bestrichen oder mit einem Vanille-Sojajoghurt gereicht. Im Sommer kann man Waldfrüchte (Heidelbeeren, schwarze Johannisbeeren) unter den Teig mischen, aber auch die einfache Version „ohne alles" ist schon überzeugend. Damit die Scones einen schön aufgegangenen, goldbraunen und fast blätterteigartigen Rand bekommen, benutzen Sie einfach ein scharfes Messer. Mit Ausstechformen wird der Rand oft zu flachgedrückt.

FÜR 8 SCONES

• 250 g Weizenmehl Type 812 bzw. 550/W700/T80 • 1 TL Backpulver • 1 Prise Speisenatron (Bicarbonat) • 1 Prise Salz • 3 TL Matcha-Tee • 30 g heller Rohrzucker • 80 g helles Mandelmus • 210 g Milchkefir oder Buttermilch

Den Ofen auf 180 °C vorheizen.

In einer Schüssel Mehl, Backpulver, Speisenatron, Salz, Matcha-Tee und Zucker vermischen. Das Mandelmus dazugeben und mit den Fingerspitzen fein zerkrümeln. Den Kefir dazugießen und mit einem Löffel vermischen, bis das Mehl gut durchgefeuchtet ist.

1 Minute kneten und zu einem glatten Teig verarbeiten.

Auf Backpapier mit den Händen eine etwa 3 cm dicke Teigplatte formen.

Mit einer Ausstechform oder mit einem Messer (siehe oben) 8 Scones ausschneiden oder ausstechen.

20 Minuten im Backofen backen.

Am besten schmecken die Scones heiß oder warm. In ein Tuch gewickelt, bleiben sie einige Tage frisch und können auch kalt serviert werden.

SALZIGE VERSION

Den Zucker durch 20 g geriebenen Parmesan ersetzen. Oder den Zucker ganz weglassen und das Mandelmus durch Ziegen-Frischkäse ersetzen. In diesem Fall einige frisch gehackte Basilikum-Blättchen hinzugeben.

Matcha-Financiers (lockere Biskuit-Kuchen)

Für die „richtigen“ traditionellen *financiers* wird viel Butter verwendet ... Um diese Kuchen zu mögen, muss man also Butter im Gebäck mögen, was nicht mein Fall ist. Ich bevorzuge einen zarten Mandelgeschmack, der sich mit dem Matcha-Tee wunderbar verträgt: Er bringt ihn zur Geltung, ohne zu sehr in den Vordergrund zu treten! Diese kleinen Kuchen finden immer viele Anhänger. Eine gute Idee, wenn man Eiweiß übrig hat, zum Beispiel von dem Eis auf Seite 20. Übrigens passen sie auch herrlich zu diesem Eis!

FÜR CA. 30 KLEINE KUCHEN

• 50 g helles Mandelmus • 55 g mildes Olivenöl • 115 g heller Rohrzucker • 1 Prise Salz oder Fleur de sel • 60 g gemahlene Mandeln (mit Schale gemahlen) • 50 g Vollkorn-Reismehl (oder Weizenmehl, wenn Gluten verwendet werden kann) • 3 gestrichene TL Matcha-Tee • 4 Eiweiße

In einer Schüssel Mandelmus, Öl und Zucker mit dem Mixer cremig rühren, bis die Masse weißlich wird und das doppelte Volumen erreicht hat.

Mit einem Holzlöffel die restlichen Zutaten außer die Eiweiße hinzufügen. Die Eiweiße mit dem Schneebesen leicht schlagen: Sie sollen weiß und schaumig werden, aber kein fester Eischnee sein. Die erste Hälfte der Eiweiße in die Masse geben und kräftig verschlagen, den Rest unterheben. Mit Klarsichtfolie abdecken und mindestens 1 Stunde kaltstellen.

Den Ofen auf 180 °C vorheizen. Die Masse in kleine Förmchen (für *financiers, madeleines* oder *petits-fours*) füllen und 12 Minuten backen. In der Form etwas abkühlen lassen, dann herausnehmen. Auf einem Rost ganz auskühlen lassen. In einer dicht schließenden Dose aufbewahren.

MADELEINE-VARIANTE

2 TL Backpulver zum Teig geben. Nicht vergessen, den Teig in den Kühlschrank zu stellen. Den Ofen auf 240 °C vorheizen, dann die *madeleines* hineinschieben und auf 180 °C herunterschalten. Die Garzeit beträgt etwa 8–10 Minuten.

Matcha-Creme
mit weißer Schokolade und Himbeeren

Hier eine pastellgrüne Version der berühmten „Mousse mit Bitterschokolade und Seidentofu", bei der geschmolzene Schokolade mit dem doppelten Anteil an Seidentofu gemixt wird. Für die Version mit Matcha-Tee bietet sich weiße Schokolade an: Die beiden passen wunderbar zusammen. Einige frische Himbeeren bringen eine winzige säuerliche Note und etwas Pep in dieses Dessert für Feinschmecker, das außerdem superschnell geht. Wenn Sie im Winter mal keine tiefgefrorenen Himbeeren haben, nehmen Sie einfach Mango-, Ananas- oder Kiwiwürfel. Und ein paar weiße Schokoladenraspeln sind auch immer sehr dekorativ!

FÜR 4 PERSONEN

• 150 g weiße Schokolade* • 350 g Seidentofu • 4 gestrichene TL Matcha-Tee • 250 g frische Himbeeren

Die weiße Schokolade im Wasserbad schmelzen. Mit dem Seidentofu und 3 TL Matcha-Tee mixen. Die Hälfte in durchsichtige Schälchen füllen. Die Himbeeren daraufgeben (ein paar zum Dekorieren aufheben) und mit der restlichen Creme bedecken. Mindestens 12 Stunden in den Kühlschrank stellen. Kurz vor dem Servieren mit dem übrigen Matcha-Teepulver bestäuben und mit den restlichen Himbeeren und weißen Schokoladeraspeln dekorieren.

* Es gibt auch vegane weiße Schokolade.

PANNA-COTTA-VARIANTE

In einem Topf 250 ml veganen Mandeldrink, 40 g hellen Rohrzucker und ¾ TL Agar-Agar verrühren. Zum Kochen bringen. 1 EL Matcha-Tee in 200 ml flüssiger Mandelsahne auflösen. Mit der Agar-Agar-Masse vermischen. In 4 Schälchen verteilen. Abkühlen lassen und noch mindestens 2 Stunden in den Kühlschrank stellen. Gekühlt servieren.

Matcha-Tiramisu

Ich habe unzählige Tiramisu-Rezepte ausprobiert, bevor ich das richtige gefunden habe. Ehrlich gesagt, die veganen Varianten haben mich nicht überzeugt – sie kommen einfach nicht an das himmlische Tiramisu mit Mascarpone heran! Für eine etwas leichtere Variante kann man ein Drittel oder die Hälfte des Mascarpone durch Seidentofu ersetzen, dann müssen beide gut gemixt werden. Auch halbe Portionen sehen in kleinen Designer-Schälchen sehr attraktiv aus.

FÜR 6 PERSONEN

• 4 Eier • 65 g heller Rohrzucker • 3 EL Matcha-Tee + etwas zum Bestäuben • 330 g Mascarpone • 24 Löffelbiskuits

Eiweiß und Eigelb trennen. Mit dem Mixer die Eigelbe mit dem Zucker schaumig schlagen. Der Zucker muss vollständig aufgelöst sein. 1,5 EL Matcha-Tee in 2 EL kaltem Wasser auflösen und in die Eigelb-Zucker-Masse geben und verrühren. Den Mascarpone mit einer Gabel etwas glatt rühren und dazugeben. Auf kleiner Stufe schlagen, bis die Masse ganz glatt ist.

Die Eiweiße mit dem Mixer auf kleiner Stufe langsam zu steifem Schnee schlagen.

Den Eischnee in kleinen Portionen vorsichtig mit einer flexiblen Teigkarte unter die Eigelb-Zucker-Masse heben. Der Eischnee darf nicht zusammenfallen.

In einem großen tiefen Teller 1,5 EL Matcha-Tee in 2 EL Wasser auflösen. 25 cl Wasser dazugeben. 12 Löffelbiskuits nacheinander in den Matcha-Tee tauchen und dann in eine Auflaufform legen. Die Hälfte der Creme daraufgeben. Die übrigen 12 Löffelbiskuits ebenfalls eintauchen und auf die Creme legen. Die restliche Creme einfüllen. Mit Klarsichtfolie abdecken und mindestens 12 Stunden (höchstens 24 Stunden) in den Kühlschrank stellen. Kurz vor dem Servieren mit dem Matcha-Tee bestäuben (dazu ein Teesieb verwenden).

SOMMER-VARIANTE

Auf jede Lage Löffelbiskuits einige frische Erdbeeren oder Himbeeren geben.

Erdbeer-Rhabarber-Himbeer-Crumble (Früchte-Streusel)

Der so genannte *crumble* – ein klassisches, im Ofen überbackenes Dessert mit Früchten, das schnell zubereitet ist – kommt in Frankreich mindestens einmal in der Woche auf den Tisch … Ein guter Grund, es zu variieren und etwas „aufzupeppen", und zwar mit einem Streusel aus Mandeln und Matcha-Tee, der auf leicht vorgebackene Sommerfrüchte gegeben wird. Wunderbar schmeckt auch eine Mischung aus Pfirsichen und Aprikosen.

FÜR 6 PERSONEN

Für die Früchte

• 500 g Erdbeeren • 3 Stangen Rhabarber • 1 EL Rohzucker oder Honig • 250 g Himbeeren

Für den Teig

• 120 g Weizenmehl Type 550/W700/T65 oder Type 812/T80 • 3 TL Matcha-Tee • 100 g heller Rohrzucker • 30 g gemahlene Mandeln • 100 g helles Mandelmus • 2 EL Mandelblättchen

Die Erdbeeren leicht abspülen und auf Küchenpapier abtropfen lassen. Den Stielansatz entfernen, die Beeren durchschneiden und auf ein Backblech legen. Mit Rohzucker bestreuen. Den Rhabarber schälen und in Würfel schneiden. Mit den Erdbeeren vermischen.

In einer großen Schüssel Mehl, Matcha-Tee, Zucker und die gemahlenen Mandeln vermischen. Das Mandelmus hinzugeben und mit den Fingerspitzen krümelig verreiben. Die Mandelblättchen dazugeben. Diese Mischung auf einem zweiten Backblech verteilen.

Die zwei Bleche bei 180 °C für etwa 20 Minuten in den Backofen schieben. Herausnehmen und die Früchte ohne den Saft in eine Auflaufform geben oder in mehreren kleinen Schälchen verteilen. Die Himbeeren hinzugeben. Den Streusel darauf verteilen. Nochmal 5–10 Minuten bzw. so lange, bis der Streusel schön gebräunt ist, in den Ofen schieben. Warm servieren.

KOKOSNUSS-VERSION

Das Mandelmus durch Kokosöl und die Mandelblättchen durch geriebene Kokosnuss oder Kokosraspel ersetzen. Schmeckt herrlich auf einer Schicht Himbeeren und Bananenscheiben …

Matcha-Clafoutis (Eierkuchen) mit Himbeeren

Ein Dessert, das der ganzen Familie schmeckt: Es ist cremig, aber schnittfest und man kann ihn durch die Zugabe von Matcha-Tee ganz leicht einen japanischen Touch verleihen. Auf einem Sommerbuffet ist es, in Quadrate geschnitten, ein echter Hingucker. Es lässt sich auch in der Auflaufform, auf Portionslöffeln oder in kleinen Schälchen servieren.

FÜR 6 PERSONEN

• 2 EL flüssiger Honig • 750 ml veganer Mandeldrink • 200 g Weizenmehl Type 812 bzw. 550/W700/T80 (oder Vollkorn-Reismehl) • 3 TL Matcha-Tee • 3 Eier • 1 gehäufter EL helles Mandelmus (oder gemahlene Mandeln) • 250 g Himbeeren

Den Ofen auf 180 °C vorheizen.
Den Honig in einem Glas mit warmem Mandeldrink schmelzen lassen. Das Mehl in eine Schüssel geben und mit dem Matcha-Tee und einer Prise Salz vermischen. Mit den Eiern, dem Mandelmus und dem Rest des kalten Mandeldrinks vermischen. Zum Schluss den warmen Mandeldrink mit dem Honig zugeben. Den Teig in eine Auflaufform gießen und die Himbeeren in regelmäßigen Abständen hineinsetzen. 50–60 Minuten backen.
Warm oder kalt servieren.

VARIANTEN JE NACH JAHRESZEIT

Im Herbst und im Winter kann man die Himbeeren durch Birnenwürfel (etwa 2–3 Birnen) bzw. entsteinte Backpflaumen ersetzen.
Im Frühling unbedingt mit Süß- oder Sauerkirschen probieren!

Kleine Schokoladenkuchen mit zartschmelzendem Matcha-Kern

Dieser Schokoladenkuchen ist immer „der Renner" bei allen: warm, locker, zart-schmelzend, schokoladig ... In dieser japanischen Version ist der zart-schmelzende Kern matchagrün und der Kuchenteig rabenschwarz ... denn er enthält nicht nur Schokolade. Aber lassen Sie sich überraschen!

FÜR 6 PERSONEN

- 50 g weiße Schokolade
- 2 TL Matcha-Tee + zum Bestäuben
- 100 g Haushalts-/Kochschokolade
- 80 g Sesampüree (oder schwarze Sesampaste)
- 4 Eier
- 60 g Rohzucker
- 50 g Vollkorn-Reismehl

Am Vorabend oder einige Stunden vor der Zubereitung die weiße Schokolade über einem Wasserbad schmelzen. Die geschmolzene Schokolade in kleine Förmchen (z. B. Muffin-Förmchen) gießen und mit dem Matcha-Tee verrühren. Abkühlen lassen, dann zum Aushärten in den Kühlschrank stellen.

Die dunkle Schokolade über einem Wasserbad schmelzen. Über dem Wasserbad das Sesampüree bei ausgeschalteter Hitze hinzugeben und stehen lassen.

Die Eier mit dem Zucker schaumig schlagen. Die Mischung aus geschmolzener Schokolade und Sesam einrühren, dann das Mehl hinzugeben. In 6 geölte Backformen füllen und in den Kühlschrank stellen.

Kurz vor dem Verzehr den Ofen auf 200 °C vorheizen.

Die festgewordene Matcha-Schokolade in 6 Portionen schneiden und jeweils ein Stück grüne Schokolade in der Mitte jedes Förmchens in den Teig drücken. 10 Minuten im Backofen backen. Aus dem Ofen nehmen und 2 Minuten ruhen lassen.

Mit Matcha-Tee bestäuben, dann in den Förmchen servieren.

Das Herausnehmen aus der Form ist möglich, verlangt aber etwas Fingerspitzengefühl ...

Matcha –
green attitude

Brot mit Sesampesto im Dämpfkorb

Dieses Brot ist ebenso stylish wie lecker und lässt sich vielfach variieren. Servieren Sie es heiß zu einem Salat oder einer Suppe, warm und in Scheiben geschnitten zum Aperitif oder lassen Sie es auskühlen und genießen Sie es als Imbiss mit dem besonderen Etwas bei einem Picknick. Direkt nach dem Garen schmeckt es natürlich am besten: herrlich locker!

FÜR 3–4 PERSONEN/6 KLEINE BRÖTCHEN

Für den Brotteig

• 4 g Trockenhefe • 250 g Weizenmehl Type 550/W700/T65• 3 gestrichene TL Matcha-Tee • ½ TL Meersalz • 1 gestrichener TL Backpulver

Für das Pesto

• 1,5 EL geröstete Pinienkerne • 30 g Sesampüree (oder schwarze Sesampaste) • ½ geschälte und vom Keim befreite Knoblauchzehe • 1 TL Honig oder Reis-Sirup • 2 TL Soja-Sauce • 1 EL Vollkornreis-Essig • 1,5 EL Oliven- oder Sesamöl

160 ml Wasser erwärmen.
Die Trockenhefe in eine Schüssel geben und die Hälfte des warmen Wassers dazuschütten. 10 Minuten gehen lassen.
In einer zweiten Schüssel das Mehl und den Matcha-Tee mit dem übrigen Wasser vermischen, zur Hefe dazugeben und 10 Minuten kneten. Zudecken und 1,5 Stunden gehen lassen.
In der Zwischenzeit alle Zutaten für das Pesto mit dem Mixer oder im Mörser zerkleinern.
Den Teig erneut kneten und das Salz und das Backpulver hinzugeben. Zu einer Kugel formen, dann auf der bemehlten Arbeitsfläche zu einem Rechteck ausrollen. Die gesamte Fläche mit dem Pesto bestreichen. Wie eine Biskuitrolle einrollen, dabei mit einer der kürzeren Seiten beginnen. Die Rolle in 6 gleichgroße Portionen schneiden und in den Dämpfkorb legen. 30–45 Minuten backen. Nach Ablauf der Backzeit 15 Minuten auskühlen lassen, ohne den Dämpfkorb zu öffnen. Heiß, warm oder kalt servieren.

GRÜNE VARIANTE

Wenn Sie keine Lust auf Sesampesto oder die Zutaten nicht im Hause haben, nehmen Sie einfach ein (eventuell fertig gekauftes) „klassisches" Pesto mit frischem Basilikum oder Rucola, Olivenöl, Pinienkernen und Parmesan.

Blinis mit Vollkornreis und blattgrünem Aufstrich

Kaum zu glauben, aber diese Blinis sind so vollwertig und schmackhaft, dass sie eines meiner Lieblingsgerichte geworden sind, wenn ich einen Rest Vollkornreis verwerten will. Man kann einige Spinatblätter dazugeben und schon hat man alles für einen ausgewogenen Imbiss, mit oder ohne den Chlorophyll-Aufstrich, der farblich so wunderbar dazupasst.

FÜR 6 PERSONEN

Für die Blinis

• 250 g Weizenmehl Type 812 bzw. 550/W700/T80 • 2 TL Backpulver • 2 TL Matcha-Tee • 2 Eier • 250 g Kefir oder Sojajoghurt • 1 Blatt Nori-Alge • 1 Schälchen gekochter Vollkornreis • 2 EL helle oder schwarze Sesamkörner

Für den Aufstrich

• 2 reife Avocados • 2 EL Zitronensaft • 3 EL Alfalfa-Sprossen (oder Radieschen-, Rucola-, Fenchel-, Lauch-Sprossen) • 1 EL weiße Misopaste (oder 1 EL Cashewmus + 1 TL Soja-Sauce oder braunes Miso) • 2 TL Matcha-Tee

Für den Blinis-Teig Mehl, Backpulver, Matcha-Tee und eine Prise Salz in einer Schüssel vermischen. In einer kleinen Schale die Eier mit dem Kefir verrühren. In die Mehlmischung hineingießen und rasch verrühren. Die Nori-Alge darüberbröseln, den Reis und den Sesam hinzugeben und alles miteinander vermischen.

Die Blinis in einer heißen und leicht geölten Pfanne 3–4 Minuten auf jeder Seite backen. Den Aufstrich zubereiten: Die Schale und den Kern der Avocados entfernen. Das Fruchtfleisch mit dem Zitronensaft, den Sprossen, dem weißen Miso und dem Matcha-Tee im Mixer zerkleinern, sodass ein schönes grünes Püree entsteht. Wenn der Aufstrich nicht ausreichend gesalzen ist, etwas braunes Miso, Soja-Sauce oder Meersalz hinzugeben.

Die Blinis noch warm mit dem Aufstrich servieren.

EINE NOCH GRÜNERE VARIANTE

Geben Sie einige gehackte Mangold- oder Spinatblätter in den Blinis-Teig und in den Aufstrich. Im Aufstrich bleiben die feingehackten Blätter roh, während sie in den Blinis leicht gar werden – auf diese Weise können Sie verschiedene Aromen vergleichen und gleichzeitig gesund essen.

Getränke mit Matcha-Tee

Will man Matcha-Tee zu sich nehmen, ist der erste Reflex sicherlich, Matcha-Tee zu trinken … Mit Mandeldrink wird er ein Genuss, der in 2 Minuten fertig ist. In der Version „Grüner Smoothie“ nutzt man den hohen Gehalt an Chlorophyll wirklich voll aus. Ein gesundes Prost!

MATCHA LATTE MIT MANDELDRINK

Pro Person

• 200 ml veganer Mandeldrink • 1 TL Matcha-Tee

Den Mandeldrink langsam erwärmen. Gleichzeitig 100 ml Wasser erhitzen, aber nicht zum Kochen bringen. In einer Tasse den Matcha-Tee im Wasser auflösen, dann den warmen Drink dazugeben.

Sofort genießen.

Variante Matcha-Frappé : Den Mandeldrink kalt und zusammen mit einigen Eiswürfeln hinzugeben. Noch leckerer wird es, wenn man das Getränk mit pflanzlicher Sahne krönt.

GREEN SMOOTHIE

Pro Person

• 1 Banane • ½ Mango • 1 TL Matcha-Tee • 1 Glas Vanille-Sojadrink

Die Banane und die Mango schälen und zusammen mit den übrigen Zutaten in einen Standmixer geben. Mixen und sofort genießen.

Version „ultra green“ : Eine Handvoll frische Spinatblätter dazugeben.

Matcha-Cranberry-Riegel

Diese kleinen Riegel enthalten nur „gute Sachen": Matcha-Tee, Cranberries, Mandeln, Haferflocken, Mandel- und Sesammus! Und außerdem schmecken sie einfach köstlich! Nehmen Sie sie erst kurz vor dem Servieren aus dem Kühlschrank, da sie Wärme nicht gut vertragen. Einen oder zwei zum Frühstück, zwei oder drei nachmittags so zwischendurch und noch einen letzten zusammen mit einer Tasse Kaffee … Sie werden sehen: Die sind ganz schnell aufgegessen!

FÜR 16 RIEGEL

- 4 gestrichene EL Kokosfett
- 200 g Haferflocken
- 3 TL Matcha-Tee
- 125 g ganze Mandeln
- 125 g getrocknete Cranberries
- 2 gestrichene EL helles oder Vollkorn-Mandelmus
- 3 EL Sesampüree (oder schwarze Sesampaste)

Das Kokosfett ganz leicht erwärmen, es soll nur weich werden.
In einem Standmixer die Haferflocken, den Matcha-Tee und die Mandeln fein mahlen. Die Cranberries hinzufügen und nochmal vermischen.
Die Mischung in eine Schüssel geben und das Kokosfett und das Mandelmus zufügen. Mit der Hand vermischen, um das Fett gleichmäßig zu verteilen.
Die Hälfte der Mischung fest in eine mit Backpapier ausgelegte eckige Form (20 cm) drücken. Mit Sesampüree bestreichen, dabei nicht zu viel andrücken und nicht glattstreichen. Die zweite Hälfte der Mischung daraufgeben und mit der flachen Hand andrücken, damit die Oberfläche fest und glatt wird. Mit Frischhaltefolie bedecken. Mit einem Gewicht beschweren (zum Beispiel mit 2 oder 3 Desserttellern). Mindestens 12 Stunden in den Kühlschrank stellen. In 16 Riegel schneiden. In einer dicht schließenden Dose im Kühlschrank aufbewahrt, sind die Riegel bis zu einer Woche haltbar.

KNUSPER-VERSION

Nehmen Sie Ihr traditionelles Rezept für im Backofen gebackene Getreide-Riegel und geben Sie Matcha-Tee und Puffreis hinzu.

Knuspermüsli mit Matcha-Tee, Mandeln und Kürbiskernen

Lust auf Matcha-Tee zum Frühstück, ohne komplizierte Vorbereitungen? Kein Problem, wenn Sie dieses Knuspermüsli auf Vorrat zubereitet haben! Serviert wird es dann in einer Schale zusammen mit einem veganen Drink (Reis- und Mandeldrink sind hierfür besonders gut geeignet). Wetten, dass der Drink vor lauter Freude ganz grün wird ...?

FÜR EIN GROSSES VORRATSGLAS

• 1 EL helles Mandelmus • 2 EL Olivenöl • 6 EL Reis-Sirup (oder Agavendicksaft) • 300 g Dinkelflocken oder Haferschmelzflocken • 80 g Mandelstifte • 40 g helle Sesamkörner • 30 g Kürbiskerne • 1 Prise Salz • 2 EL Matcha-Tee

In einem Topf das Mandelmus, das Öl und den Reis-Sirup miteinander vermischen. Auf kleiner Flamme erwärmen, bis alle Zutaten schön flüssig sind.
In einer großen Schüssel die Getreideflocken, Mandeln, Sesam, Kürbiskerne, Salz und 1 EL Matcha-Tee vermischen. Den Inhalt des Topfes in die Schüssel gießen und alles gut umrühren.
Die Masse 1 cm dick auf einem Backblech ausstreichen. Bei 160 °C 20 Minuten im Backofen backen. Nach den ersten 10 Minuten etwas durchmischen.
Aus dem Backofen nehmen, sofort mit dem restlichen Matcha-Tee bestreuen und vermischen.
Abkühlen lassen, dann in einem Vorratsglas aufbewahren.
Bei Raumtemperatur hält sich das Knuspermüsli einen Monat.

EINE ANDERE FRÜHSTÜCKS-VARIANTE

Wenn Sie gern einfach nur Getreideflocken in einem veganen Drink mögen, geben Sie doch mal 1 oder 2 TL Matcha-Tee zu Ihrer Mischung hinzu: So haben Sie den guten Geschmack des Tees und seine gesundheitlichen Vorteile vereint. Ideal: eine kleine Schale Haferflocken vermischt mit einem Vanille-Sojajoghurt plus Matcha-Tee, den Sie in wenig veganem Drink aufgelöst haben, am Vorabend in den Kühlschrank stellen und quellen lassen.

Kleine zartschmelzende Maroni-Matcha-Kuchen

In Japan wird Matcha-Tee oft mit Adzukibohnenpaste (*anko*) kombiniert, deren milder und herbstlicher Geschmack an Maronenpüree erinnert. Matcha und Maroni bilden auch bei unserem Dessert, das in kleinen Förmchen gebacken wird, ein unzertrennliches Duo. Servieren Sie es mit Yuzu-Saft, wenn Sie welchen im Handel bekommen. Diese japanische Zitrusfrucht hat ein unglaubliches Aroma, das sich irgendwo zwischen Mandarine und Zitronatzitrone (Cedrat) befindet.

FÜR 4 PERSONEN

• 100 g Maronenpüree (gesüßt und mit Vanille verfeinert) • 250 g Seidentofu • 1 EL Honig (oder Reis-Sirup) • 4 gestrichene EL Vollkorn-Reismehl • 2 TL Matcha-Tee • 1 EL Yuzu-Saft (oder Mandarinensaft) • 1 Ei

Alle Zutaten zu einem glatten Teig verarbeiten.
In 4 Förmchen verteilen und 30 Minuten bei 150 °C im Backofen backen.
Etwas abgekühlt oder gut gekühlt genießen. Im Kühlschrank aufbewahren.

VARIANTE ALS FRÜCHTE-CLAFOUTIS

Diese Mischung enthält weniger Eier als der traditionelle Clafoutis-Teig (= Mischung aus Auflauf und Kuchen). Gießen Sie die Masse für den Maroni-Matcha-Kuchen in eine Auflaufform und legen Sie in dünne Scheiben geschnittenes Obst, wie Äpfel, Birnen, Pflaumen oder Backpflaumen, hinein.

Grasgrüner Perlsago mit Matcha-Curd (Zitronencreme mit Matcha)

Lust auf ein Schälchen (oder schlimmer noch: eine große Schale!) cremige Süßspeise, pure Dekadenz, aber möglichst nur aus gesunden Zutaten zubereitet? Das ist wohl ein bisschen zu viel verlangt. Nein, überhaupt nicht, denn wir haben eine Lösung gefunden, die noch dazu sündhaft lecker ist!

FÜR 4 PERSONEN

Für den Sago

• 700 ml veganer Mandeldrink • 30 g heller Rohrzucker • 70 g Perlsago • 1 EL Matcha-Tee

Für den Matcha-Curd

• 1 Zitrone • 50 g heller Rohrzucker • 2 TL Matcha-Tee • 100 ml flüssige Mandelsahne • 2 gestrichene EL Maisstärke

Den Mandeldrink (einige EL zurückbehalten) und den Zucker in einen Topf geben, aufkochen und den Sago einrieseln lassen.
Auf kleiner Flamme 10 Minuten unter ständigem Rühren kochen lassen.
Den Matcha-Tee mit dem restlichen veganen Drink verrühren und in den Sago hineingeben. Wenn der Sago gut eingedickt ist, auf vier Schälchen verteilen und etwas abkühlen lassen.
Den Matcha-Curd zubereiten: Die Zitrone auspressen und den Saft mit dem Zucker in einen Topf geben. Leicht erwärmen, um den Zucker aufzulösen. Den Matcha in einer kleinen Schale mit 2 EL flüssiger Sahne cremig schlagen. In einer anderen Schüssel die Stärke mit der restlichen Sahne glatt rühren. Den gesüßten Zitronensaft unter ständigem Rühren in die Stärke-Sahne-Mischung geben und alles wieder in den Topf gießen. Rühren, bis die Creme andickt, dann den Matcha-Tee hineingeben. Noch eine Minute kochen lassen, dann von der Herdplatte nehmen. Etwas abkühlen lassen. Auf jedes Schälchen Sago eine Schicht Matcha-Curd verteilen.
Lauwarm oder kalt servieren. Im Kühlschrank aufbewahren.

VARIANTE MIT GETREIDE

Nehmen Sie dasselbe Rezept und ersetzen Sie den Sago durch ein Getreide Ihrer Wahl (Reis, Hirse) oder durch Grieß (Mais-, Weizen-, Reis- oder Hirsegrieß). Verlängern Sie die auf den Packungen angegebenen Kochzeiten (lassen Sie den Reis im veganen Drink eine knappe Stunde kochen, die Hirse 20 Minuten, Mais- und Weizengrieß 5–15 Minuten.)

INDEX

Rezepte, in denen der Matcha-Tee alle Nährwerte behält

Rezepte ohne Gluten

Vegane Rezepte

Titel der französischen Originalausgabe:
Matcha

Text: CLEA
Fotos: Éric Fénot
Gestaltung : Delphine Brunet

Aus dem Französischen übertragen von
Petra Westphal.

Umschlaggestaltung: Werbeagentur Rypka/
Thomas Hofer, A-8143-Dobl/Graz

Bibliographische Information der Deutschen Nationalbibliothek
Die Deutsche Nationalbibliothek verzeichnet diese Publikation in der Deutschen Nationalbibliographie; detaillierte bibliographische Daten sind im Internet über http://dnb.d-nb.de abrufbar.

Hinweis:
Dieses Buch wurde auf chlorfrei gebleichtem Papier gedruckt. Die zum Schutz vor Verschmutzung verwendete Einschweißfolie ist aus Polyethylen chlor- und schwefelfrei hergestellt. Diese umweltfreundliche Folie verhält sich grundwasserneutral, ist voll recyclingfähig und verbrennt in Müllverbrennungsanlagen völlig ungiftig.

Auf Wunsch senden wir Ihnen gerne kostenlos unser Verlagsverzeichnis zu:
Leopold Stocker Verlag GmbH
Hofgasse 5 / Postfach 438
A-8011 Graz
Tel.: +43 (0)316/82 16 36
Fax: +43 (0)316/83 56 12
E-Mail: stocker-verlag@stocker-verlag.com
www.stocker-verlag.com

ISBN 978-3-7020-1467-4

Gesamtherstellung: Werbeagentur Rypka GmbH,
8143 Dobl, www.rypka.at
Druck: Druckerei Theiss GmbH, 9431 St. Stefan

TeeGschwendner

Grünes Gold aus Japan:

Matcha

Matcha ist ein hochwertiger, japanischer Tee, der in einem aufwändigen Anbau- und Verarbeitungsverfahren hergestellt wird. Der in Granitsteinmühlen zu Pulver gemahlene Grüntee (vor dem Mahlen „Tencha“ genannt) wird in Japan traditionell zur Teezeremonie verwendet. Bei der traditionellen Zubereitung wird das Pulver in einer Matcha Schale mit heißem Wasser und einem Bambusbesen schaumig geschlagen.
Heutzutage erfreut sich Matcha jedoch auch als moderne Variante immer größer werdender Beliebtheit – und das nicht nur bei den Stars aus Hollywood! Ob als schaumig-köstlicher Matcha Latte in heiß und kalt (Frozen Matcha Latte), als fruchtig-erfrischender Matcha-Smoothie, selbst zubereiteter Eistee oder zur Verfeinerung von Speisen: Japans Grunes Gold ist aus der Teewelt nicht mehr wegzudenken. Verschiedene Matcha-Sorten, angefangen beim Einsteiger-Matcha, über Matcha Latte Pulver, bis hin zum hochwertigen Super Premium Matcha Ten, sind in den 126 Tee-Fachgeschäften von TeeGschwendner in Deutschland sowie im Online-Shop zu finden. Fragen Sie in unseren Fachgeschäften nach Rezeptideen und genießen Sie die ganze Palette des „Grüne Goldes“ aus Japan!

Weitere Infos und die Adressen aller TeeGschwendner Fachgeschäfte finden Sie unter: **www.teegschwendner.de**